Zhongguo Wenhua
Zhishi Duben

中国文化知识读本

千古瓷都景德镇

主编 金开诚

编著 顾 盼

吉林出版集团有限责任公司

吉林文史出版社

图书在版编目（CIP）数据

千古瓷都景德镇 / 顾盼编著 .—长春：吉林出版
集团有限责任公司：吉林文史出版社，2009.12（2022.1 重印）
（中国文化知识读本）
ISBN 978-7-5463-1959-9

Ⅰ.①千… Ⅱ.①顾… Ⅲ.①景德镇市－概况 Ⅳ.
①K925.63

中国版本图书馆 CIP 数据核字（2009）第 237199 号

千古瓷都景德镇

QIANGU CIDU JINGDEZHEN

主编/ 金开诚 编著/顾盼

责任编辑/曹恒 于涉 责任校对/王明智

装帧设计/曹恒 摄影/金诚 图片整理/董昕瑜

出版发行/吉林文史出版社 吉林出版集团有限责任公司

地址/长春市人民大街4646号 邮编/130021

电话/0431-85618717 传真/0431-85618721

印刷/三河市金兆印刷装订有限公司

版次/2009 年 12 月第 1 版 2022 年 1 月第 4 次印刷

开本/650mm×960mm 1/16

印张/8 字数/30千

书号/ISBN 978-7-5463-1959-9

定价/34.80元

关于《中国文化知识读本》

　　文化是一种社会现象，是人类物质文明和精神文明有机融合的产物；同时又是一种历史现象，是社会的历史沉积。当今世界，随着经济全球化进程的加快，人们也越来越重视本民族的文化。我们只有加强对本民族文化的继承和创新，才能更好地弘扬民族精神，增强民族凝聚力。历史经验告诉我们，任何一个民族要想屹立于世界民族之林，必须具有自尊、自信、自强的民族意识。文化是维系一个民族生存和发展的强大动力。一个民族的存在依赖文化，文化的解体就是一个民族的消亡。

　　随着我国综合国力的日益强大，广大民众对重塑民族自尊心和自豪感的愿望日益迫切。作为民族大家庭中的一员，将源远流长、博大精深的中国文化继承并传播给广大群众，特别是青年一代，是我们出版人义不容辞的责任。

　　《中国文化知识读本》是由吉林出版集团有限责任公司和吉林文史出版社组织国内知名专家学者编写的一套旨在传播中华五千年优秀传统文化，提高全民文化修养的大型知识读本。该书在深入挖掘和整理中华优秀传统文化成果的同时，结合社会发展，注入了时代精神。书中优美生动的文字、简明通俗的语言、图文并茂的形式，把中国文化中的物态文化、制度文化、行为文化、精神文化等知识要点全面展示给读者。点点滴滴的文化知识仿佛繁星，组成了灿烂辉煌的中国文化的天穹。

　　希望本书能为弘扬中华五千年优秀传统文化、增强各民族团结、构建社会主义和谐社会尽一份绵薄之力，也坚信我们的中华民族一定能够早日实现伟大复兴！

目录

一、地理条件

（一）自然地理环境

景德镇属江南丘陵地形，四周高中间低，形似盆状。境内山峦起伏，群峰环绕、地势高峻；东南方向为怀玉山北坡，山岭逶迤，海拔一般为250—400米，最高峰五股尖位于与安徽休宁接壤的省界地带，海拔1618米。

景德镇内河川纵横。北部有发源于安徽祁门县大洪山的昌江。昌江为流经景德镇市内的最大河流，全长210公里，自北向南越境而过，注入鄱阳湖。南部有发源于德兴县的乐安河，全长240公里，经乐

景德镇位于江西省东北部，群山环抱，河流纵横

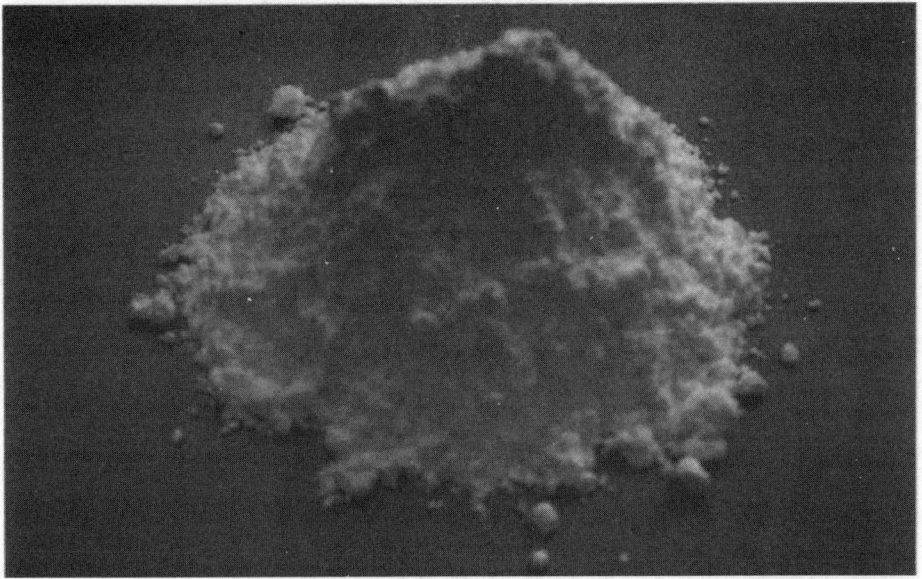

景德镇特产——高岭土

平市区向北蜿蜒，最后注入鄱阳湖。

景德镇市属亚热带季风气候，境内四季分明。因其城区属于特殊的盆地地形，夏季炎热。如遇持继暴雨天气，城区内很容易形成水患，给居民造成严重损失。

（二）矿产资源

江南山区的地理环境给景德镇带来了丰富的矿产资源，这里盛产瓷土、煤、钨、锰、铜、铝、金、萤石、硫磺、石灰石以及大理石、海泡石等。尤以瓷土储量之丰、品质之优，虽经千余年开采，仍未枯竭，就目前已探明的储量尚可开采 300 余年。而景德镇的高岭土最具特色，这是一种特殊粘土，是陶瓷工业最重要的原材料。目前，这种高岭土在中国甚至国际上都享

景德镇有着丰富的森林资源

有盛名，因为它的品质经得起考验，用它生产出来的景德镇瓷器，代表着中国陶瓷制品的尖端水准和高端品质。现在国际上通用的高岭土学名——Kaolin，据说就是来源于景德镇北部山区鹅湖镇高岭村边的高岭山。另外，景德镇的煤炭资源蕴藏也十分丰富，是江西省的三大产煤区之一。

（三）山林资源

因其特有的山区地理特征，景德镇森林资源也非常丰富，森林覆盖率高达61%，目前全市的森林面积达300余万亩，木材积蓄量达700多万立方米。树木品种繁多，主要有杉树、马尾松、樟木、楠木、麻栎、青岗栎、木荷、毛竹、油茶、油桐、漆树等数十种。山上盛产银杏、三尖杉、山苍子、猕猴桃、橡子、杜仲、金银花、七叶一枝花等珍贵的野生植物和药材。动物资源中有猴、蛇、穿山甲、相思鸟等珍禽异兽。

目前，景德镇市有国家一、二级保护动物20余种。其中国家一级保护动物4种，为云豹、金钱豹、黑麂、白颈长尾雉；国家二级保护动物有黑熊、大灵猫、小灵猫、猕猴、穿山甲、短尾猴、鸳鸯、白鹇、红腹锦鸡等。

（四）水资源

景德镇地处依山傍水的江南丘陵地带，

丰富的水资源保证了景德镇的瓷业用水

景德镇瓷都大桥

镇内河港纵横交错，水资源十分丰富。不但保证了当地人的日常生活用水，还确保了景德镇市的瓷业用水。

自古以来，为了用水及运输的方便，景德镇沿河建窑、沿窑成市，整个城市沿着昌江两岸呈长龙形延伸。昌江曾是景德镇市的大动脉，以昌江为主的周边大小河流，水资源相当丰富。河水可以用来淘洗瓷土。当地人们还利用流水的落差，发明了水碓及水轮车，专门用以粉碎瓷石。坚硬的瓷石被打成碎末，还得利用河水淘洗，然后做成制瓷原料，输往沿河两岸的窑作坊。

历史上，昌江是对外交通最重要的通道，

昌江新貌

是运输制瓷原料、燃料和成品瓷器的重要途径。还有东河、西河、南河、小北河、梅湖河等支流以及纵横交错的数十条小河港，共同构成了景德镇水上纵横交错、四通八达的运输网。当地以及邻境的瓷土、瓷石等俱采用木船（筏）、竹筏运载，从水路源源不断地运往景德镇，供应瓷器烧造的需要。而烧制好的成品瓷器又自昌江运往外地或输往海外。另外，水路运瓷优势明显，一是运载量大，二是可减少破损。

如今，作为景德镇这座城市的历史见证者的昌江已经失去了它旧有的风采，取而代之的是一座座现代化的横跨昌江两岸的钢筋

夜色中的昌江大桥

瓷都景德镇

混凝土桥梁。可是，丰富的水资源依然是当地人们生活中必不可少的，同时也是制瓷业得以不断发展的一个重要前提条件。

千古瓷都景德镇

二　景德镇瓷器

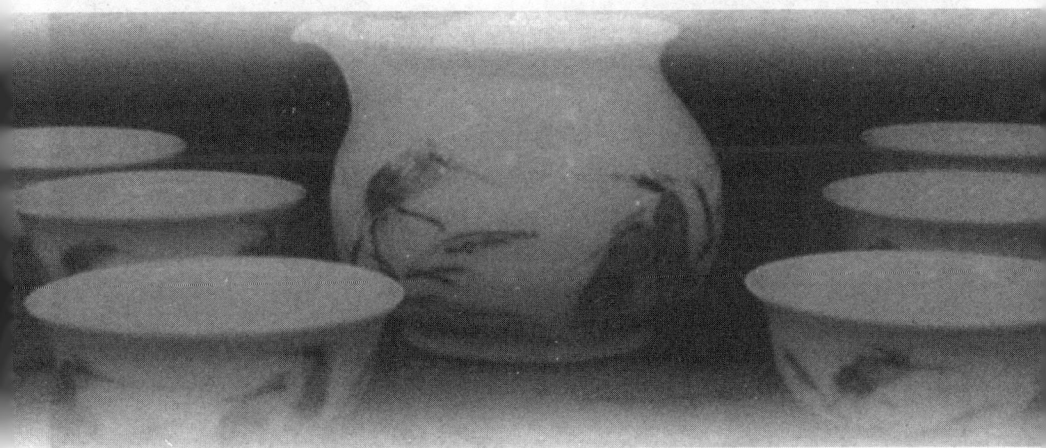

（一）瓷器简介

由于景德镇瓷器具备的上佳品质及独特风格，从唐代至清末这段漫长的历史时期，景德镇一直都是皇宫用瓷的生产基地。

景德镇陶瓷艺术堪称是中国文化艺术宝库中的重要财富。景德镇瓷器品种繁多、绘饰多样、造型精美、风格独特，素以"白如玉、明如镜、薄如纸、声如磬"的独特风格享誉海内外。在绘饰方面，有青花、釉里彩、斗彩、古彩、新彩等品种，而青花、粉彩产品居多，颜色釉为名产。

景德镇青花瓷茶具

千古瓷都景德镇

（二）名瓷分类

在众多的品种中，青花、玲珑、粉彩、颜色釉合称景德镇四大传统名瓷。薄胎瓷为艺术珍品，而雕塑瓷为我国传统工艺美术品，俱是难得之物。景德镇四大传统名瓷各有其不同的风格，在不同的历史背景下占据着不同的地位，同时分别得到了不同程度的发展与壮大。

景德镇青花瓷瓶

1. 青花瓷

青花瓷一向被称为"人间至宝"，居景德镇四大名瓷之首，它属于釉下彩的一种。青花瓷是以含氧化钴的钴矿为原料，在陶瓷坯胎上描绘纹饰，经施釉后高温一次烧成。其胎质细腻，晶莹柔润；绘画装饰丰富，清新明丽；外观光亮，美观持久。青花瓷器底部的文字，图案款识品种多样，因此长期以来受到人们喜爱。

青花瓷始创于唐代。因当时的制作工艺不成熟，青花瓷器呈现出很多瑕疵：纹饰浓淡不均、胎质粗糙、釉质混浊等，因而很快地走向衰败。

元代是青花瓷的成熟期。元青花瓷在胎坯中增加了高岭土这一特殊黏土材料，从而使其在烧制过程中成功率得以提高，变形率大大降低，造型也更为厚实、饱满。元青花瓷在绘画装饰上也有了相当大的改进，不只绘画题材更为丰富（包括人物、动物、植物、诗文等），而且构图巧妙，层次多而不乱，笔法流畅有力。

明清两代为青花瓷的鼎盛期，同时也是走向衰落的时期。明青花瓷以制作精美著称，创作出了凝重、雅致、幽清的独特风格，是青花瓷发展史上的高峰期。另外，明代晚期，青花绘画还逐步吸收了一些中国画绘画技法的元素，开启了青花瓷历史的新局面。清康熙年间因"五彩青花"使青花瓷发展到了巅峰，此后，清青花瓷一

清代康熙年间景德镇五彩青花

千古瓷都景德镇

直以造型精美、纹饰丰富、画面生动、清新雅致等风格深得人们喜爱。乾隆期间，因粉彩瓷的发展壮大，青花瓷逐步走向衰败。

我国古代青花瓷瓷器底部的文字，图案款识丰富，各个时期的款识均有鲜明的时代特征。根据青花瓷款识的不同，主要可分为吉言款、堂名款、赞颂款、纪年款和纹饰款五大类。

2.（青花）玲珑瓷

玲珑瓷属于镂花的一种，被人们形象地称为"米通"瓷。玲珑瓷就是在成形的瓷胎坯体上通过镂刻工艺，按预先设计的图案，用小刀雕刻出许多透明而有规则的米粒状"玲珑眼"，接着在通孔填满特制的釉浆并施透明釉，然后再通体施釉，最后入窑在高温下焙烧。成品玲珑瓷，镂花处透亮而不漏光，这种米粒状的"玲珑眼"，也常被人称做"米花"。

玲珑瓷历史悠久，唐代时已有生产。明永乐年间，制作玲珑瓷的技术才渐趋成熟，所制的瓷器更为高雅灵巧。明清时期是玲珑瓷发展的一个高峰期，御窑厂也曾进行烧制，主要瓷器有玲珑炉、玲珑盖碗等。解放后，我国的玲珑瓷得到更为迅速的发展，产品除中、西餐具、茶具、咖啡具、文具等日用瓷外，又研制成各种花瓶、各式灯具等高级陈设瓷品。

玲珑瓷往往以青花图案来配饰，这就

千古瓷都景德镇

景德镇粉彩瓷大雁杯

是青花玲珑瓷。景德镇青花玲珑瓷是明永乐年间在镂空工艺的基础上创造和发展起来的，已有 500 多年的历史。这一品种的瓷器，既绘有清新雅致的"青花"，又布有透彻明亮的"米花"；既有镂刻艺术，又具有青花的风格；既古朴典雅，又清新明丽，二者和谐地融为一体，相得益彰。

3. 粉彩瓷

粉彩又被称为软彩，属于釉上彩的一种。在这种彩绘过程中，需加入一种特殊的原材料——玻璃白（一种含有铅、硅、砷元素的白色不透明彩料）。"玻璃白"与任何其他

粉彩瓷又名软彩瓷，是景德镇瓷窑四大传统名瓷之一

彩料混合时，都能使它们产生"粉化"，或者说变成浅色调。并且还可以通过控制其加入量的多少来获得不同层次的深浅色调，从而给人以粉润柔和之感，故称这种釉上彩为"粉彩"。

顾名思义，粉彩瓷就是以粉彩为主要绘饰手法的瓷器品种，其图案装饰丰富多彩，画工细腻工整，技法精细而复杂，极富于立体感与层次感。

制作过程是：先在高温烧制成的白瓷胎上用小刀勾勒出设计好的图案轮廓，再填上一层"玻璃白"，将颜料施于玻璃白上，用干净的笔将彩料晕染开来，以使之富于层次与立体感，最后将其入炉焙烧即成。粉彩瓷的制作过程非

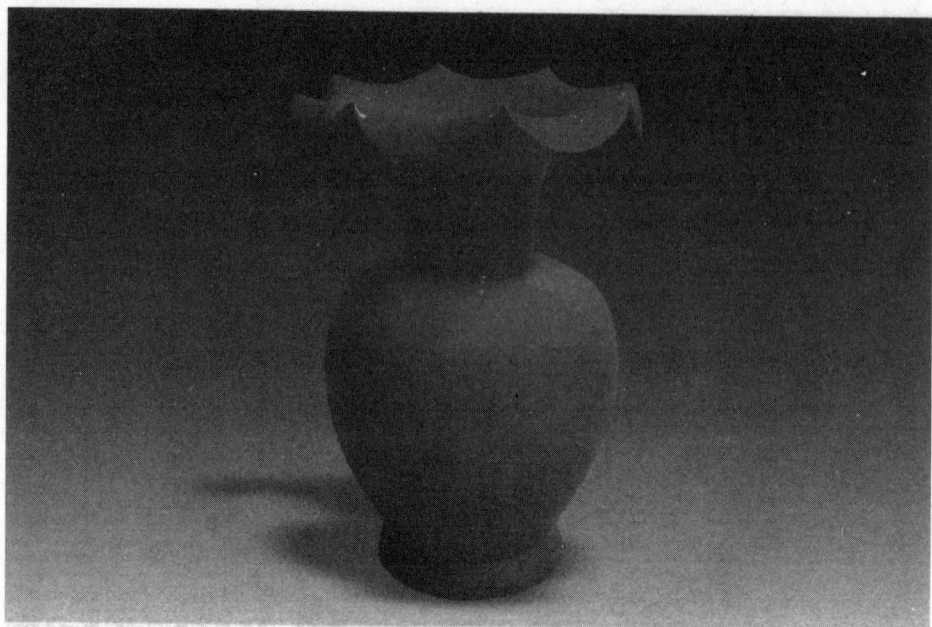

宋代景德镇青白瓷卷口暗纹瓶

常精细，所以其成品也达到了很高的艺术水准，可谓珍品。

景德镇的粉彩瓷始创于康熙年间，但当时的制作工艺比较粗糙。到了雍正朝，粉彩成了当时最流行的品种之一，无论是在造型还是在彩绘方面都得到了前所未有的发展。乾隆年间，粉彩瓷达到很高的艺术水准。新中国成立后，粉彩瓷更有长足的发展，许多具有健康、清新、大方特色的新作品如雨后春笋般涌现出来。

4.颜色釉瓷

颜色釉也简称"色釉"。在釉料里面加上某种氧化金属，经过焙烧以后，就会呈现出某种固定的色泽，这就成了颜色釉。影响颜色釉成色的主要因素是起色剂作用的氧化金属，通常只要在釉料中改变其含量，就可达到改变釉色的目的。另外，还与釉料的成分，烧制条件及焙烧温度等也有着密切关系。

颜色釉瓷就是指用金属氧化物，配制成不同的釉色料，施于瓷胎坯体表面，然后经高温或低温烧制而成的一种瓷器，它是依靠釉料色泽的变化来装饰的。这类瓷器釉面斑驳璀灿、光芒四射、晶莹夺目，因而被人们赞誉为"人造宝石"。

景德镇烧制的颜色釉瓷品种多达百余种，有青釉、绿釉、黑釉、黄釉、红釉、青白釉等等。每一种颜色还可细分为很多种，如绿釉又分为松黄绿、瓜皮绿、鱼子绿、孔雀绿、豆绿、法绿、金星绿等等。其中，景德镇所创的祭红釉瓷色泽莹润均匀，红中微紫，极其难得。又因其配料非常讲究，烧制过程也非常艰难，火候稍微有点偏差就无法烧制出理想的成品。因此，祭红釉瓷是色釉中的珍品，有"千窑一宝"之誉。

用颜色釉装饰瓷品源于商代的彩陶。到了宋代，景德镇以"青白瓷"最具特色。这

景德镇粉彩瓷瓶

种瓷是在五代烧制青瓷和白瓷的基础上烧造成功的。其青白两种釉色相互映衬，光润透明，色泽如玉，可清晰地透出坯胎上雕刻的花纹，人称为"影青瓷"。它具有精细清秀、灵巧秀丽、透亮典雅的风格，成为我国陶瓷史上一个极其珍贵的品种，从而使得景德镇瓷器跻身于宋代名窑之林。其中尤以湖田窑的产品深受大众欢迎。元代，色釉的品种增多，但精品还是很少。明清时期，颜色釉瓷得到了大力发展，进入了鼎盛期。在此时期，烧制出了许多名贵品种，如祭红釉等。尤其是在康熙、雍正、乾隆三朝，颜色釉不只"诸色兼备"、造

景德镇清白瓷注子注碗

千古瓷都景德镇

景德镇薄胎瓷青花小水杯

型精美，而且技艺高超，成就卓著。但到嘉庆以后，因社会动乱、经济萧条，瓷器业日趋衰败，许多名贵颜色釉技艺也由此失传。

5. 薄胎瓷

薄胎瓷，亦称"脱胎瓷""蛋壳瓷"。它薄如蝉翼、轻如绸纱，是一种轻巧秀丽、明亮剔透而薄如蛋壳的细白瓷，是景德镇传统瓷器品种中享有盛誉的特种工艺品之一。古人吟诵薄胎瓷曰："只恐风吹去，还愁日炙消。"薄胎瓷的制作要求极高，特别是修坯这一道工序，最关键也最艰难，全靠工人师傅纯熟的技巧，经过百余次的反复，将二三毫米厚的粗坯修到蛋壳那么薄，少一刀嫌厚，多一刀则坯破功败，稍不留神，就会

大龙缸

导致前功尽弃。薄胎瓷的制作，从另一个方面显示了制瓷技师的艺术匠心和智慧。这样的泥坯还须经受摄氏一千三百多度高温焙烧的考验，不裂碎、不变形，其珍贵就可想而知了。所以人们称薄胎瓷为神奇珍品。

大龙缸，可谓薄胎瓷中的代表作品。它的直径和高度均在 70 厘米以上，通身饰以五爪龙须，形制巨大、气势宏伟、庄重肃穆，为帝王专用之物，他人不可僭越使用，从而更显出它的神秘。其厚度仅为 0.5 毫米，

最厚处也只有1毫米，真正是"胎薄如纸"。

6.景德镇瓷雕

当代的景德镇瓷雕，工艺精湛、种类齐全，有捏雕、镂雕、浮雕等。瓷雕内容有佛像尊神、花草鱼虫、亭台楼阁、动物玩具等。景德镇瓷雕造型优美、形神兼备、千姿百态、栩栩如生、装饰丰富，艺术表现力强。有的庄重浑厚，有的典雅清新，有的富丽堂皇。

景德镇瓷雕的制作工艺据说可以追溯到一千四百多年前，远在隋代就有"狮""象"等大型兽类的制作。

(三) 制作工艺

宋代，景德镇手工制瓷工艺的重要成型工序已初步建立。随着景德镇陶瓷业的不断发展与壮大，制瓷工艺的专业化要求也越来越高，行业分工也日益精细化，从而出现了最早的流水线作业方式。炼泥的只管炼泥，拉坯的只管拉坯，彩绘者也是画者画而不染、染者染而不画，"计一坯工力，过手七十二，方克成器"。制作工艺从制料、成型、装饰到烧成共有十几道工序，最核心的制作工序包括以下五道：制坯、利坯、画坯、施釉和烧窑。

古瓷窑遗址

千古瓷都景德镇

026

1. 制坯

制坯一般有两种方法。若要制作圆形瓷器，常采用轮车拉坯成型。轮车又俗称辘轳车。在拉坯时，要保证轮车转盘保持水平，旋转无滞，只有这样，所拉之坯才可以避免厚薄不均或变形；若是要制作方形或有棱角的器物，则需将坯泥用布包裹后，以平板拍成片，再裁剪黏合成形。坯体镶接处要洗磨，使之光滑洁净。另外，还有用模子印坯成型或注浆成型。坯胎如需雕刻，再由专门的工匠进行加工操作。

2. 利坯

利坯也叫"修坯"，其目的是使坯体表

勾画细腻的景德镇瓷盘

面光洁、厚薄一致，使所制的器物更加完美。拉制的圆器和琢器的坯体都需进行利坯修整。利坯需要在陶车上使用专业的刀具进行，利坯工人也要熟悉瓷石料的性能，这样才能准确掌握修整的尺度。

3. 画坯

画坯指用青花色料在坯上画纹饰，是体现陶瓷器外观美的重要步骤。凡是青花瓷器，不论圆器、琢器，还是大件、小件，都要经过画坯这道工序。古代画坯，分工明确细致，各有专责，各司其职，有"画者不染，染者不画"之说。另外还有锥工、雕工、镂工等。

4. 施釉

也叫"画青花""上釉"，是指在成型的陶瓷坯体表面施以釉浆。这道工序非常精细，针对不同形状的器物，所有的工具不同，上釉方法也不尽相同，主要有蘸釉、荡釉、浇釉、刷釉、吹釉、洒釉、轮釉等七种方法。譬如，对于圆形器物，通常使用放入缸内蘸釉的方法；对于大而易损坏之物通常采用浇釉或吹釉的方法。

5. 烧窑

瓷坯制成后，装匣入窑，在窑炉内呈分散排列。窑火有前中后的区别，一般视釉层的厚薄来定位放置。烧制瓷器的成功与否，窑火是关键。所以在烧窑时，工人会将炉砖

青花瓷瓶上的人物栩栩如生

景德镇瓷器

景德镇瓷器——鸟食罐

千古瓷都景德镇

景德镇红釉印花龙纹盘

留有一孔，用以试火照（又称"火标"，烧窑时用以检验窑内温度和坯件成熟情况的一种试片），火照若熟就止火，熏闷一昼夜后方可开窑。

（四）景德镇陶瓷历史遗迹

1.马鞍山制匣土遗址

马鞍山制匣土遗址位于景德镇市东南约2公里处的马鞍山。明清以来，马鞍山一带为景德镇制匣取土之地，其所使用的白土、老土、子土等土种基本来自乐平朱家山、马鞍山、里村及官庄等处。据载，制匣时："须多掺白土，则入火经烧；否则掺用老土、子土太多，则匣不坚固，一经强火，倒塌随之

景德镇瓷器

矣。"马鞍山产老土、子土，是景德镇瓷用匣钵原料产地之一。

2. 大洲瓷土矿遗址

大洲瓷土矿遗址位于景德镇西北约45公里的浮梁县黄坛乡境内。该矿大致开采于清代嘉庆年间，清末因开采难度加大而停用。民国时期曾一度恢复开采，建国后开始大规模开采，是景德镇陶瓷原料中较好的优质高岭土产地之一。该矿区所产的瓷土外观呈淡黄色，主要由高岭石、石英、云母类矿物组成，质地纯净、品质优良。

3. 西郊古窑遗址

西郊古窑遗址位于景德镇市西郊的瓷都大道西侧，与后建的景德镇陶瓷历史博物馆组成景德镇陶瓷历史博览区，是景德镇陶瓷历史文化的缩影。西郊古窑遗址现已成为景德镇市的重点旅游区。

4. 湖田古窑遗址

湖田窑位于景德镇市东南约 4 公里的湖田村内，如今已成为了景德镇陶瓷文化的一个著名的旅游点。

它兴烧于五代，历宋元至明代隆庆、万历年间结束，其文化内涵极为丰富。遗址保存的遗物非常丰富，以宋代遗存为主，几乎

湖田古窑遗址

遍及整个遗址。而五代遗物较少，主要为青釉器和白釉器。明代遗存以湖田村北最为突出，这里有大量的青花小碗，碗心多书"福""善"等字。另外还有宋代作坊及龙窑，明代作坊及明代马蹄窑、葫芦窑等重要遗迹。

如今，在该遗址上建立起来的湖田古窑址陈列馆，展示了在这里出土的各种窑具和瓷器，除不同造型的碗和壶外，还有盘、盖盒、盏及盏托、注壶与注碗、瓶、钵、枕、香炉、香薰、手炉、渣斗、六管器、瓷俑和各种动物捏雕等。

湖田古窑遗址

湖田古瓷窑址自宋代以来就不断有文献记载。20世纪40年代初，英国学者又将湖田窑介绍到欧洲，并产生较大影响，因此成为世界著名的古瓷窑址。1959年公布为江西省文物保护单位，1982年，被中华人民共和国国务院列为第二批全国重点文物保护单位。

5. 御窑厂

御窑厂位于景德镇市中心（今市政府所在地）。御窑厂是官窑的象征，是陶艺瑰宝的摇篮，是明清两代专为宫廷烧造和供奉瓷器的皇家瓷厂。御窑厂始建于明洪武二年

景德镇窑址碎瓷片

景德镇瓷器

御窑厂遗址

（1369年），当时为御器厂，据记载："御器厂建于里仁都珠山之南，明洪武二年设厂制陶以供尚方之用，规制既弘，迨后基益扩，辟垣五里许。"清朝沿袭明制，改御器厂为御窑厂，但其规模变小了很多。辛亥革命爆发后，御窑厂消失。它也是我国烧造时间最长、规模最大、工艺最为精湛的官办窑厂。在长达五百余年的时间里，为"天下窑器之所聚"，烧制了无以计数、精美绝伦的瓷器。因此，御窑厂的设立，是我国陶瓷史上最重要的事件之一，它客观地促进了景德镇制瓷业的发展，推进了景德镇成为全国制瓷中心地位的形成过程。

御窑厂在陶瓷发展史上占有特殊重要的地位。该遗址地下遗存极为丰富，已出土元代官窑瓷器和大量明代洪武、永乐、宣德、正统、成化、弘治、正德年间的各类器皿，对研究我国陶瓷发展史有着极为重要的意义。

该御窑厂遗址1983年被公布为景德镇市文物保护单位，该遗址保护范围为5.43万平方米：东至中华路，西至东司岭，北至彭家弄，南至珠山路。

6. 绕南古瓷窑址

绕南古瓷窑址位于景德镇市东北55公里的绕南村附近。以绕南村为中心，其遗物

绕南古瓷窑址

堆积有三处。该窑址是景德镇市东河流域烧造时间最早的一个窑址,目前保存较好,因而对研究景德镇东河流域古代瓷业生产状况具有重要的研究价值。

7. 丽阳古瓷窑址

丽阳古瓷窑址位于景德镇市西南21公里处,遗址分布在丽阳乡彭家村和丽阳村之间的瓷器山西坡和碓臼山南坡。该处瓷窑遗址的范围较大,据考证,烧造时间应该是从五代到明代期间,是景德镇市区以外一处相对集中的瓷器生产地。从该窑址发掘出了元代晚期的龙窑窑炉和明代早期的葫芦形窑炉各一座。

明代景德镇瓷器

色泽淡雅的景德镇瓷器

该窑址出土的瓷器有五代青瓷、宋元影青瓷、元代青花和釉里红、明代青花等，器型有碗、盘、高足碗、高足杯、罐、执壶、炉、盏等。

该窑址对陶瓷考古研究起到了非常大的作用。

8.杨梅亭古瓷窑址

杨梅亭古瓷窑址位于景德镇市东郊杨梅亭自然村。

该遗址呈长形堆积，四周设有界桩，在界桩的西南面还有一相连的堆积，南北长75米，东西宽36米，约2700多平方米。整个遗址堆积非常丰厚，以窑具为主，有常见的漏斗式匣钵、桶式匣钵等。此外还有覆烧窑具：瓷质垫钵和

秀美大方的景德镇瓷器

瓷质支圈。窑址南部断面的窑具特别大，为其他窑址所罕见。器物残片中有五代的青釉碗、盏、壶；白釉碗、盏。宋代的影青高足碗、花口小足碗等。

该窑址 1959 年 11 月被公布为江西省文物保护单位。

（五）景德镇陶瓷文化宣传及陶瓷产品展示场所

1. 中国景德镇陶瓷国际博览会

景德镇官方定期举办的景德镇陶瓷艺术节，由国家商务部、中国轻工业联合会、中国国际贸易促进委员会、江西省人民政

精美典雅的景德镇瓷器

景德镇瓷器

景德镇瓷器

府共同主办。在会上，主要是对外宣传景德镇陶瓷文化，展示景德镇瓷器，同时兼有官方招商引资功能。

中国景德镇国际陶瓷博览会已逐步发展成为世界陶瓷盛会、国际交易平台。瓷博会成功举办五年来，促进了世界陶瓷行业在商贸、文化、技艺等方面的交流与合作。

2. 景德镇中国陶瓷城

陶瓷城位于景德镇西郊，是当地政府招商引资建设起来的重点商品市场、特大陶瓷产品交易基地。目前陶瓷城的经营状况比较清淡，它理应起到"弘扬陶瓷文化、振兴瓷都经济"的作用，暂时并未得到很好的发挥。

中国瓷园

3. 锦绣昌南中国瓷园

锦绣昌南中国瓷园位于景德镇市昌江以西的迎宾大道北头西面，具有典型的江南徽派古建筑风格。占地总面积为 1500 亩，总建筑面积为 19 万平方米，总投资 9.6 亿元。它是以瓷都千年文化为基调，集陶瓷制作、商贸展览旅游、投资、置业、休闲、购物、陶瓷文化研究与交流为一体的独特的景观园区，再现了景德镇明清鼎盛时期的昌南古镇风貌。是未来瓷都的新名片，同时也是景德镇市十大旅游景观之一。

4. 景德镇瓷器友谊商店

友谊商店位于景德镇市最繁华的珠山路，它曾经是外国游客感受中国陶瓷文化的必到之

景德镇历史博物馆

处。此建筑高大雄伟，外观十分气派，店内经营着代表当时景德镇制瓷工艺的高端陶瓷产品，也是外国人购买景德镇瓷器产品的首选商店。遗憾的是，如今的景德镇瓷器友谊商店已经不再经营景德镇瓷器。

5. 景德镇陶瓷历史博物馆

景德镇陶瓷历史博物馆是中国陶瓷专业博物馆，是景德镇陶瓷文化的一个重要展示区。该馆位于景德镇市瓷都大道，始建于1979年，1984年10月1日正式对外开放。

该馆馆区范围达83万平方米，馆区内

有古窑建筑群和清代民居建筑群。古窑作坊内，有瓷工进行手工制瓷技艺表演、烧制仿古瓷，在这里，游客可以亲自体验手工制瓷的全过程。清代民居建筑内，有景德镇陶瓷发展史和书画展览。民俗建筑内，有景德镇瓷业民俗展览。

该馆还陈列有各时期的瓷品文物数千件，其中不乏珍品。这些藏品，真实地反映了景德镇历史发展的全过程，展示了历代景德镇陶瓷手工业者的聪明智慧和伟大创造，可谓景德镇瓷业发展的历史见证者。

6. 瓷器街

瓷器街位于景德镇市中心的休闲广场附

景德镇瓷器街

近，是景德镇现代陶瓷文化的重要展示区。街两旁店铺林立，经营有景德镇各类瓷器，其中以金昌利陶瓷商厦规模最大。在这里，游客一般都能挑选到自己满意的瓷器，实在不宜错过。

（六）传承意义

景德镇制瓷业历史悠久，成就卓著。景德镇在取得如此大的成就之后，同时将其精湛的制瓷工艺、技巧传播开来，促进了全国乃至全世界各产瓷区制瓷业的蓬勃发展。因此，景德镇手工制瓷工艺及生产体系不愧为中国陶瓷业中的杰出表率。在明代就有了明确而细致的分工合作："画

雍容华贵的景德镇瓷器

清代景德镇粉彩茶梅纹盘

者不染，染者不画""计一坯工力，过手
七十二，方克成器"，其流水线式的作业方式，
体现了中国最早的资本主义萌芽，是中华民
族传统文化的重要组成部分，同时也是我国
与东西方各民族经济、文化交流的重要纽带。

　　景德镇当地政府在 20 世纪 80 年代，为
保护一批历史文化遗迹，将散落在市区的部
分古窑场、古作坊、古建筑进行集中保护，
建立了景德镇陶瓷历史博览区。整个博览区
由古窑和陶瓷历史博物馆两大景区组成，是
景德镇最重要的陶瓷文化旅游区之一，也被
国内外专家和陶瓷爱好者称为"活的陶瓷博
物馆"。

景德镇陶瓷民俗博览馆

景德镇新彩瓷器

建国以后，随着政治、经济的变革和瓷业机械化生产的不断发展，景德镇瓷业习俗开始淡化。景德镇传统的制瓷手工艺虽然得到部分保留与发展，但其中大部分仍在不断地流失和消亡，亟待抢救和保护。

为了保护这一非物质文化遗产，2006年5月20日，景德镇手工制瓷技艺经国务院批准列入第一批国家级非物质文化遗产名录。

千古瓷都景德镇

三　陶瓷文化

景德镇粉彩瓷器

（一）关于"CHINA"

中国是瓷器的故乡，瓷器的发明是中华民族对世界文明的伟大贡献。自古以来，中国就有"瓷国"之称。而景德镇因其悠久的制瓷历史、灿烂的陶瓷文化而素有"瓷都"之称。可以说中国为景德镇提供了生存与发展的空间，而景德镇的瓷器为中国提升了知名度，两者相得益彰。

大写的"CHINA"是"中国"的英译名称，而小写的"china"是"瓷器"的英译。而"CHINA"的英文发音源自景德镇的历史名称"昌南"。如今，景德镇在陶瓷文化的对外宣传上，常以"china"为名，把"瓷器"与"中国"相提并论，以此突出景德镇瓷器在中国甚至在世界上的影响和地位。

（二）历史沿革

景德镇陶瓷的烧制历史源远流长，驰名中外。据乾隆四十八年《浮梁县志》载："新平冶陶，始于汉世。"新平，即景德镇前身。可见，景德镇的陶瓷烧制始于汉朝，距今已有1700多年的历史了。

被后代瓷工奉祀为制瓷祖师的赵慨为晋代人。文献记载，南北朝的陈（557—589年）以来，当地人多从事瓷业，陈至

精美典雅的景德镇瓷器

德元年(583年)陈帝"诏新平以陶础贡建康",
说明这时景德镇地区的制瓷业已开始引起朝
廷的重视。隋炀帝（605—617年）时，景德
镇的瓷工为皇帝成功烧造了两座狮象大兽，
贡于皇宫。

　　唐代，景德镇的制瓷业有了很大的发展。
唐代武德年间（618—626年），景德镇第一
次出现了窑的专称。镇民陶玉、霍仲初烧制
的瓷器被誉为"假玉器""且贡于朝"。于
是，分别称其为"陶窑"和"霍窑"，这两
座是景德镇最早的瓷窑。唐元和年间，柳宗
元代饶州刺史元崔写了《进瓷器状》，称赞
景德镇制瓷工艺精湛、规模较大，这也证明

景德镇玲珑瓷器

了唐代时景德镇的制瓷业就已具有了较高的水准。

宋代，由于社会的进步和封建经济的发展，景德镇瓷器业也呈现出一派繁荣局面。宋代全国有官、哥、汝、定、钧五大名窑。而景德镇窑独创青白瓷，打破了旧有格局，形成了以景德镇窑为中心的青白瓷窑系，其影响力之大，居于宋代六大窑系之首位（其他五大窑系分别为：定窑、磁州窑、耀州窑、钧窑、龙泉窑）。据考古发现，宋代窑址分布多至三十处，有窑"三百余座"，陶瓷的器型也发展到数百种之多。宋代的景德镇不仅烧造出了温润如玉、品

种繁多的影青釉瓷，而且成功地烧造出大批造型各异、风格独特的影青釉瓷雕，并仿造出了多种颜色釉瓷器。

　　景德镇在宋代因创烧青白瓷而独树一帜，因而有幸得以用皇帝宋真宗的"景德"年号为镇名，由此开始逐步走向全国的制瓷中心。

　　元代，景德镇瓷业在工艺上出现了划时代的变革。元代早期的景德镇瓷业虽沿袭宋代，以青白瓷为主，但到了元中期，却在此基础之上烧制成了青花瓷、釉里红、青花釉里红等新品种。尤其是青花瓷及釉里红，这是两种极具特色且极为名贵的瓷品种。元代

元代景德镇釉下彩瓷器

还出现了很多适应少数民族需要的特殊器物品种，如高足杯、折腰碗、荷叶盖罐、扁壶、执壶等。

于景德镇瓷业发展史而言，元代是一个承前启后、开拓创新的重要时代。在此期间，景德镇瓷进入了一个新时代——釉下彩时代，结束了以单色釉为主的局面。尤其是在元后期，当全国制瓷业都处于低迷期时，景德镇瓷却以它独特的风格及内涵占据了全国制瓷业的领先地位。

元朝统治者在景德镇专门设置"浮梁瓷局"，掌管瓷器生产有关事务，进行督烧，管制甚严。

明代是景德镇鼎盛阶段的开始。其陶

瓷艺术集历代瓷艺之精华，取得了空前的发展。除在继承前代技术并发扬光大的种类烧造方面外，大量新工艺、新的装饰手法也层出不穷，创出了许多新品种。如清新优雅、气韵生动、足与水墨画并驾齐驱的青花瓷，金碧辉煌、雍容华贵的五彩；色如翡翠的孔雀绿、深沉幽净的霁青、娇艳柔美的浅黄、呈色稳定的祭红等等，都创始于明代。所有这些创新，造就了明代景德镇陶瓷业在全国制瓷业的中心地位。

明代中期以后，官民竞市，景德镇的瓷器几乎占据了全国的主要市场，"有明一代，至精至美之瓷，莫不出于景德镇"，"合并

明代景德镇青花加彩瓷

数郡，不敌江西饶郡产……若夫中华四裔，驰名猎取者，皆饶郡浮梁景德镇之产也"，景德镇真正成为了"天下窑器之所聚"之地。明洪武二年，朝廷在景德镇设"御窑厂"。其时镇内官窑有五十八座，民窑达百座，"昼间白烟掩盖天空，夜则红焰烧天"，足见当时生产规模之宏大。

大龙缸和薄胎瓷的烧造成功，是明代景德镇陶瓷业高度技术成就和制瓷技师惊人智慧的体现。

清代是我国制瓷业发展史上的黄金时期。尤其是在清前期之康熙、雍正、乾隆三朝堪称盛世，景德镇不仅始终保持着瓷都地

清代景德镇瓷器

清代景德镇葫芦瓶

位，而且瓷业生产在工艺技术和产量上都达到了历史的高峰。无论是在瓷器造型方面，还是在施釉上彩方面，都达到了历史最高水准。

前期的御窑厂，名窑层出不穷。康熙年间著名的官窑有"臧窑""郎窑"。臧窑，"厂器也"，为督陶官臧应选所造。郎窑，为康熙四十四年至五十一年这七年间，江西巡抚郎廷极在景德镇任督瓷官之职时所管辖的景德镇窑及其所生产之瓷器的代称。郎窑以仿明宣德和成化年间的窑器而闻名。受珐琅彩制作工艺的影响，在五彩基础上，康熙朝始创的粉彩，到雍正年间获得空前

清代乾隆年间景德镇红釉瓶

的发展，并且有"清一代，以此为甚"之誉。乾隆年间，彩瓷和单色釉瓷都达到历史最高水平。乾隆瓷胎釉精良细腻，装饰华丽，造型精巧，可谓登峰造极。各式各样的镂雕瓷是乾隆时期的一大特色，除镂空透雕的香熏、灯罩等，更有双层透雕转心瓶、转颈瓶等等，其结构之严密，制作之精确，构思之奇妙，令人叹为观止。

但从乾隆中期开始，景德镇陶瓷业渐露衰落之征兆。至晚清时，因战争不断，尤其是鸦片战争以后，中国沦为半封建半殖民地社会，中国的民族工业受到了严重摧残，景德镇制瓷业也日趋衰败，生产规模日益萎缩，制造工艺水平逐步下滑。故有"乾隆一朝，为清极盛时代，亦为一代盛衰之枢纽"之说。

随着东西方国家间的贸易往来不断发展，清代初期，中国瓷器已在欧洲各国广为流行，成为上流社会的宠儿。同时，也远销澳洲、非洲等很多国家和地区。其中大部分瓷器为景德镇所制。

清代景德镇的瓷都地位比明代更为突出，除了宫廷用瓷、外销瓷，民间用瓷绝大部分也由景德镇窑供应。

民国时期，在极其艰难困苦的情况下，瓷艺大师们坚持与外国机器制造的日用瓷相抗争，奋力发展以手工技艺为特色的仿

清代康熙年间景德镇青花水浒人物故事盘

千古瓷都景德镇

古瓷、美术瓷，继承中有创新，在传统技法基础上积极吸收西洋雕塑技术，取得了一定成就。从而保持了中国瓷器在国际上的美誉，于衰落中显示了振兴陶瓷的潜力。

新中国成立以来，景德镇陶瓷在原有的小作坊的基础上重新组建了景德镇十大瓷厂。现代景德镇的制瓷工艺既继承了传统的技法，又吸收和借鉴了国内外的精华，使陶瓷制作达到了一个又一个的高度。

（三）陶瓷历史著作

"新平冶陶，始于汉世"。景德镇陶瓷始于汉，起于唐，兴于宋，盛于明清，至今

景德镇绿釉堆花花卉纹双联瓶

已有 1700 多年的制瓷历史。千年不断的窑火创造了辉煌灿烂的陶瓷文化，同时也产生了许多记载和反映景德镇陶瓷历史、工艺、艺术成就等方面的珍贵历史文献。

唐代，柳宗元写有《代人进瓷器状》。

宋代，蒋祁写有《陶记》。

明代，王宗沐写有《江西省大志陶书》；宋应星写有《天工开物·陶埏》。

清代，佚名作者写有《南窑笔记》；唐英先后编写出《陶务叙略》《陶冶图说》《陶成纪事》《瓷务事宜谕稿》等著作；朱琰著《陶说》；蓝浦、郑廷桂著《景德镇陶录》；龚鉽的《景德镇陶歌》。

景德镇青花萧何追韩信图梅瓶

民国时期，郭葆昌《瓷器概说》；江思清撰《景德镇瓷业史》；黎浩亭编撰《景德镇陶瓷概况》；向焞编撰《景德镇陶业纪事》。

新中国成立后，1963年江西轻工业厅景德镇陶瓷研究所编著《中国的瓷器》；1982年中国硅酸盐协会编写《中国陶瓷史》；刘新园著有瓷器考古文章。

（四）陶瓷名人

景德镇陶瓷文明已有近两千年的历史，这么悠久灿烂的文明离不开为此作出贡献的各类人才。他们中有杰出的工匠和陶瓷艺术家，有明清时期与景德镇陶瓷业生产直接相关的督陶官员，也有因喜爱景德镇陶瓷业生

清代景德镇胭脂红发釉碗

产而对陶瓷发展产生过积极作用的人。他们对景德镇陶瓷业的发展有着卓越的贡献，更为我国陶瓷文化的发展作出了无法磨灭的贡献。

1. 赵慨

赵慨(304—？年)，字叔朋，今河北人。据说他生于西晋，先后在福建、江西、浙江任职。因生性刚直不阿，遂退隐于景德镇。他熟知福建、浙江等地烧窑技术，并把这些技术与景德镇当地的技术结合起来，对景德镇陶瓷技术发展作出了贡献。景德

景德镇胭脂红釉缠枝螭龙纹瓶

景德镇釉里红瓷器

镇制瓷工匠对他十分景仰，尊之为师主。后世瓷工更是把他神化，建庙供奉，被景德镇居民尊称为佑陶神。

2. 陶玉、霍仲初

陶玉、霍仲初两人俱为今江西景德镇人，为唐代制瓷名匠。两人所办窑厂也分别被人们称为"霍窑"和"陶窑"。他们烧制出了像玉器一样精美的瓷器，"陶窑，唐初器也，土唯白壤，体稍薄，色素润，镇钟秀里人陶氏所造"，陶玉往都城长安去销售瓷器，被人称为"假玉器"，因而名振一时。"霍窑，窑瓷色亦素，土腻质薄，佳者莹缜如玉。为东山里人霍仲初所作，

景德镇颜色釉瓷器

千古瓷都景德镇

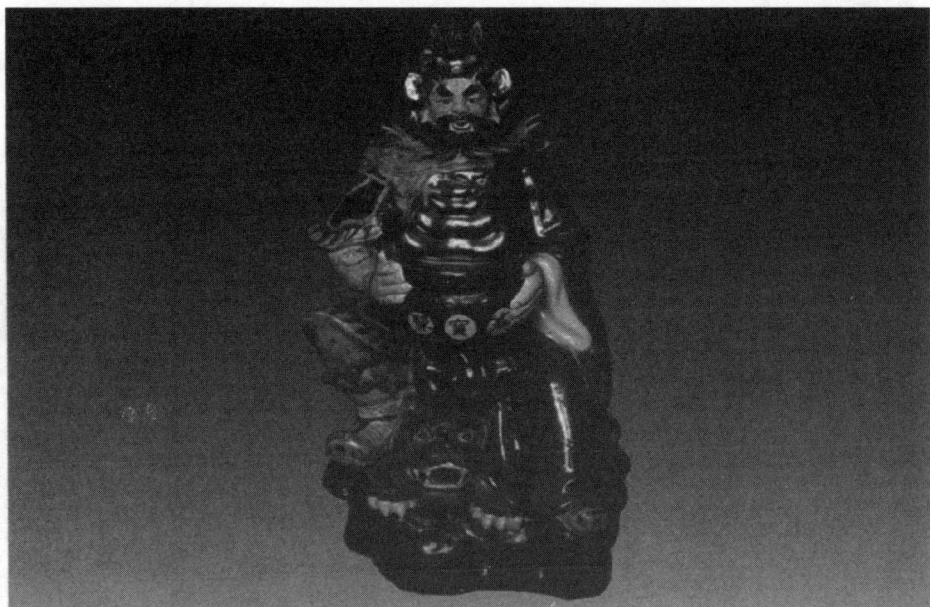

景德镇雕塑瓷器

当时呼为霍器"，唐武德四年（621年），"朝廷诏新平民霍仲初等制瓷进御"。两人俱得到皇帝的赏识，景德镇也因他两人而名动天下。由此可知，昌南镇生产的瓷器在唐代已达到很高的艺术水准，并且已形成了自己的特色。

3. 何稠

何稠，隋代著名建筑家、工艺家。为研制琉璃瓦，何稠曾专程前来景德镇进行试烧。经过反复试验，终于使烧成温度大为提高，使景德镇陶瓷生产步入一个新的发展时期。

4. 周丹泉

周丹泉，制瓷高手，明代隆庆、万历时

元代景德镇四爱图梅瓶

景德镇斗彩瓷器

人，本籍苏州，名时臣。他年轻时就来到景德镇制瓷，技艺高超，擅长烧造仿古瓷。他烧制所用的瓷窑，人称"周窑"。所仿器物有文王鼎、炉、兽白戟、耳彝、还有刻有印文和辟邪、龟、象、连环纽的白瓷印。仿造技术之高，足以让当时的鉴赏家迷惑难辨，所仿之器，高价畅销于世，很为当时人士所珍爱。

5. 昊十九

昊十九，明代制瓷高手，江西景德镇人，是明代万历年间以制造精巧薄胎瓷器而负盛名的制瓷名家。他毕生从事陶瓷创作，所制精瓷，色料精美，深得人们喜欢。

由于他制作的瓷器别具特色，人称"壶公窑"。与同时代其他行业工艺大师濮仲谦、姜千里、张鸣岐、时大彬等齐名，享誉全国。

6.臧应选

臧应选，清康熙年间一位工部郎中，曾经在景德镇御器厂督陶。因为当时的官窑瓷器都由他负责督造，所以习惯上把当时的官窑称为臧窑。臧窑的最大特点是质地莹薄，诸色兼备。以蛇皮绿、鳝鱼黄、古翠、黄斑点四种釉色最佳，其浇黄、浇紫、浇绿、吹红、吹青等品种也很美观。为康熙时的制瓷业作出了不可磨灭的贡献。

景德镇瓷器

清代康熙年间景德镇红地五彩花卉纹碗

7. 郎廷极

郎廷极，为清代督陶官员，时任江西巡抚。景德镇在其管辖下，所生产的官窑瓷器称郎窑，最著名的"郎窑红"曾名动一时。

8. 唐英

唐英，清代督陶官员，字汉公，别号叔子，晚年自号蜗寄老人。唐英可谓对景德镇陶瓷业影响最大的人物之一。他是督陶官中在景德镇时间最长，成就最大的一位。他同时也是一个陶瓷艺术家，能文善画，兼书法篆刻且又精通制瓷。唐英不同于其他督陶官员，他作为一位御派高官，却自视为一个陶人，所以他督陶期间深得民心。至今他的名字在

景德镇红釉印花龙纹盘

景德镇也几乎是家喻户晓，人人称颂。

雍正六年(1728年)以内务府员外郎身份到江西景德镇协理窑务，乾隆八年(1743年)结束瓷务离开景德镇，在景德镇整整15年。无论是在管理还是在技术上都对景德镇的瓷业发展作出了重要贡献。唐英在景德镇时所烧制的瓷器人称"唐窑"。唐窑瓷器非常精美，尤其是在陶瓷装饰、造型设计以及制瓷技术方面，都达到了前所未有的高度。

1743年，唐英编《陶冶图说》，制图20幅，对景德镇瓷业从采石、制泥、制坯到入窑、烧窑等各个工序都进行了科学的

清代雍正年间景德镇青花山水人物纹盘

千古瓷都景德镇

记载和总结。该书图文并茂，是一部重要的陶瓷文献，在陶瓷行业产生了重大影响，也是后世从事陶瓷制作的人学习的一部极好的教材。

9. 曾龙升

曾龙升（1900—1964 年），字龙生，祖籍江西省丰城县，14 岁来景德镇学徒，从事陶瓷雕塑近 50 年。他是一位著名的陶瓷雕塑家，曾任中国美术家协会会员、江西省美协副主席、景德镇美术工作者协会主席。他对传统的人物雕塑兴趣浓厚，基础扎实，其早年创作的"西藏佛""十八罗汉"等作品，享有盛名。据说他创作的"孙中山瓷像"，

清代雍正年间景德镇青花缠枝花卉纹荸荠扁瓶

曾在巴拿马国际博览会荣获金质奖章。

曾龙升不仅创作出了许多杰出的作品，更可贵的是，他还毫无保留地把绝技传给学生，为景德镇的陶瓷业培养了出色的雕塑人才。

四 旅游

风景秀丽的景德镇

景德镇的旅游资源非常丰富，也非常独特，其鲜明的特点是人文景观与自然景观相互交融在一起。它位于赣（江西省）、浙（浙江省）、皖（安徽省）三省交界处，地处中国华东地区旅游热线——庐山、黄山、龙虎山、九华山、三清山、鄱阳湖、千岛湖的中心区域，因此拥有丰富的自然资源、优美的生态环境。另外，读过中国史书的人通常对景德镇都会有所了解，景德镇独特的陶瓷文化及悠久的制瓷历史对中国文化的影响非常深远。尤其是内涵丰富的陶瓷旅游资源对外界的影响力更占优势。景德镇官方也以此作为对外宣传景德

景德镇的粉彩吸收了山水画的技法

美丽的昌江

镇作为旅游去处的重要依据。

（一）主要旅游景点

1. 湖田古窑遗址

湖田窑位于景德镇市东南约4公里的湖田村内，如今已成为景德镇陶瓷文化的一个著名的旅游点。其文化内涵极为丰富，遗址保存的遗物也非常丰富，是感受"瓷都"瓷文化的好去处。

1959年公布为江西省文物保护单位，1982年，被中华人民共和国国务院列为第二批全国重点文物保护单位。

2. 明清园

明清园位于景德镇东郊的雕塑瓷厂旁边，建筑物都仿明清建筑，风格独特，是景德镇国际陶艺中心所在地。园内的瓷器街是景德镇古代瓷器商业街的再现，景德镇的许多陶瓷工艺美术艺人在此设有工作室，以展示景德镇高超的陶瓷雕塑技艺。

3. 浮梁古县衙

浮梁古县衙位于浮梁县旧城内，坐落于风景秀丽的昌江之畔，生态环境优美。在漫长的历史中，县衙屡毁屡建。现存的古县衙，始建于清朝道光年间，距今约170年，规模宏伟，是我国江南唯一保存

明清园

完整的封建时代县级衙署，有"中国县署第一衙""江南第一衙"之美称，也是全国仅存的四处古县衙之一。1987年被定为江西省级重点文物保护单位，

景区内保存有完好的清代五品县衙、宋代佛塔——红塔，堪称世界一绝的历史文化长廊、千年瓷坛，以及气势雄伟的城门楼、喜庆浪漫的千禧良缘广场等。

4. 象山雨霁

在景德镇市区南端4公里处有个沙陀山。原名叫象山，也俗称南山。在景德镇制瓷业的发展高峰期，市内烟囱有一百多座。平时，窑烟袅绕升空，徐徐向南飘去，

浮梁县瑶里风景区

千古瓷都景德镇

宋代佛塔——红塔

犹如雾海茫茫；到了阴天，更觉远近山峦罩上一层薄纱；如遇下雨天，仿似出现了一幅天然的"湖山烟雨"图；一旦遇到雨后初晴，那景色尤其引人入胜：山间雾气弥漫，在阳光的照射下，倍觉清新，令人心旷神怡。除此之外，山麓有一汪清池。据传，干旱季节人们会在这里祈雨，很是灵验。这一独特景观给景德镇涂上了一层神奇的色彩。

5. 宋代佛塔——红塔

红塔，原名"西塔"，素有"江西第一塔"之称。它融合了中国古塔的特殊风格和江南建筑特色，反映了北宋初期塔的建筑外貌和艺术造型的时代特征。素有浮梁"古代城徽"之誉，是古老浮梁的象征、历史的见证。已载入中国

历史文化长廊

七十二座古塔史册。

6. 历史文化长廊

该景可称得上是世界一绝。它一共采用了 216 块独特的贴地青花瓷砖，长达 312 米。这是一部史书，向世人讲述出千百年来浮梁的人文历史及相关的人物事迹，充分展示了浮梁文化的发展历程，突出其不同时代的文化内涵，表现了浮梁瓷茶文化的源远流长和从古代文化走向现代文明的演变与发展过程。游客们在享受文化熏陶的同时，也充分感受到了丰富的瓷茶艺术。此文化长廊于 1959 年被列为江西省重点文物保护单位。

景德镇青花人物玉壶春瓶

历史文化长廊

锦绣昌南中国瓷园

7. 浮梁县瑶里风景区

瑶里，古名"窑里"，远在唐代中叶，这里就出现了生产陶瓷的手工业作坊，因瓷窑出名而得名，素有"瓷之源、茶之乡、林之海"的美称。

瑶里镇自然生态保存较好，尤其是瑶里北部与安徽交界处的汪湖原始森林，这是瑶里镇乃至景德镇市对外宣传的一张旅游王牌。瑶里也曾是景德镇的制瓷中心之一，所产瓷器通过瑶河运达景德镇销往全国各地。现在瑶里镇还可以见到当年大规模生产瓷器的遗迹。在中华民国时期，瑶里曾经是中国共产党的组织和军队活动比较频繁的地方，现今仍保留有当年中共新四军活动遗迹和瑶里中

浮梁古县衙景区

共军队的整编旧址，是瑶里对外宣传中华人民共和国红色旅游的依据。

如今，瑶里已拥有国家重点风景名胜区、国家历史文化名镇、国家 4A 级风景区、国家矿山公园、国家森林公园、国家重点文物保护单位、国家自然与文化双遗产等多项殊荣，是如今景德镇市的一个知名旅游点。

8. 龙珠阁

龙珠阁位于景德镇市区的东门头，是古代景德镇为皇帝烧制瓷器的工厂遗址。龙珠阁自唐代兴建以来，几经兴毁，今建筑为 1990 年仿古重建，现已衍化成景德镇的标志性建筑。阁内陈列了明清官窑复原模型和被评为中国十大文物精品系列展的明朝极盛时期出土的官窑瓷器展。

9. 景德镇陶瓷民俗博览馆

该馆于 1979 年开始筹建，1984 年正式对外开放。该馆以保护明清古建筑为依托，业务活动以研究展示瓷业习俗、传统、工艺为主。馆内布有"明间""清园"等明清古建筑群 12 栋，属省级文物保护单位。

另外还有许多古瓷矿址、古瓷窑址、古瓷窑炉、古瓷作坊、古码头等遗迹，它们从各角度记载了景德镇的陶瓷历史及文化内涵，也是游览的好去处。

御窑遗址珠山龙珠阁

千古瓷都景德镇

（二）景德镇风土人情

1. 婚庆

订亲

旧俗习惯于就近联姻，而且重门当户对和亲上加亲，极少有到外地结亲的情形。订亲一般要经历相亲、提亲、定亲三个过程。相亲（亲友结亲常见面者除外），男女双方由媒人找机会见面，也有暗中相亲的。如双方认可，即听从父母之命，由男方请媒人向女方提亲，其中有送庚贴、合八字等细节，如无不妥，就给一定的回礼，均由媒人往返转达。从此双方成为未婚夫妻，即为定亲。

订婚

旧时婚姻，多凭父母之命，媒妁之言，也有少数自由恋爱的。但同样要有媒有聘，礼俗繁琐。

迎亲

由男方父母确定婚期，请媒人转达，并依俗送礼，这是"送日子"。结婚日期确定后，双方即筹备婚、嫁。大体情况是：成亲的前一日，男女两家要备酒宴客，女方叫"上头酒"，男方叫"鸾轿酒"。女方出嫁前，城乡都盛行哭嫁，农村的要哭数日，并流传有哭嫁词，新娘上轿前还要吃"姐妹饭"。入

景德镇陶瓷民俗博览馆

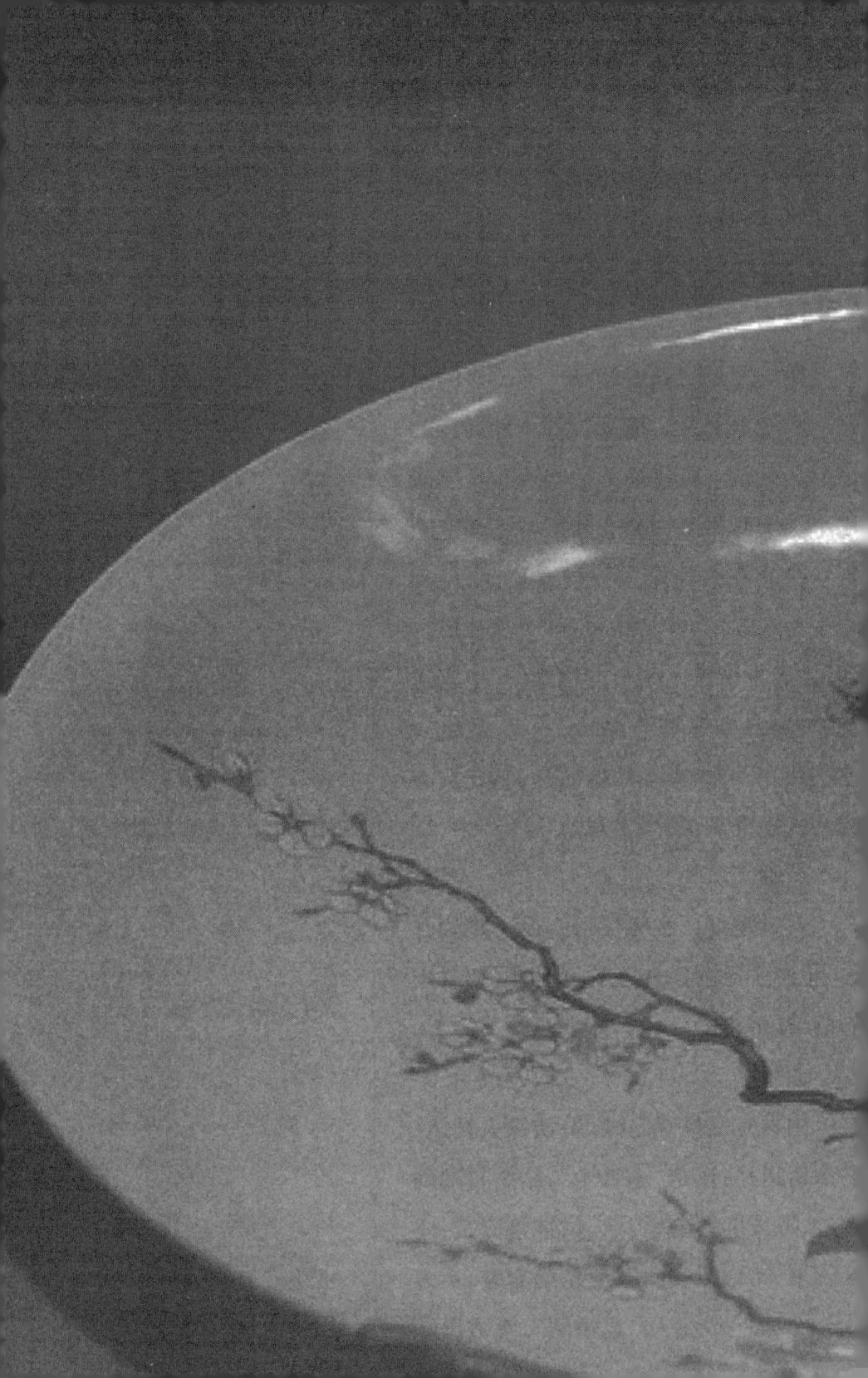

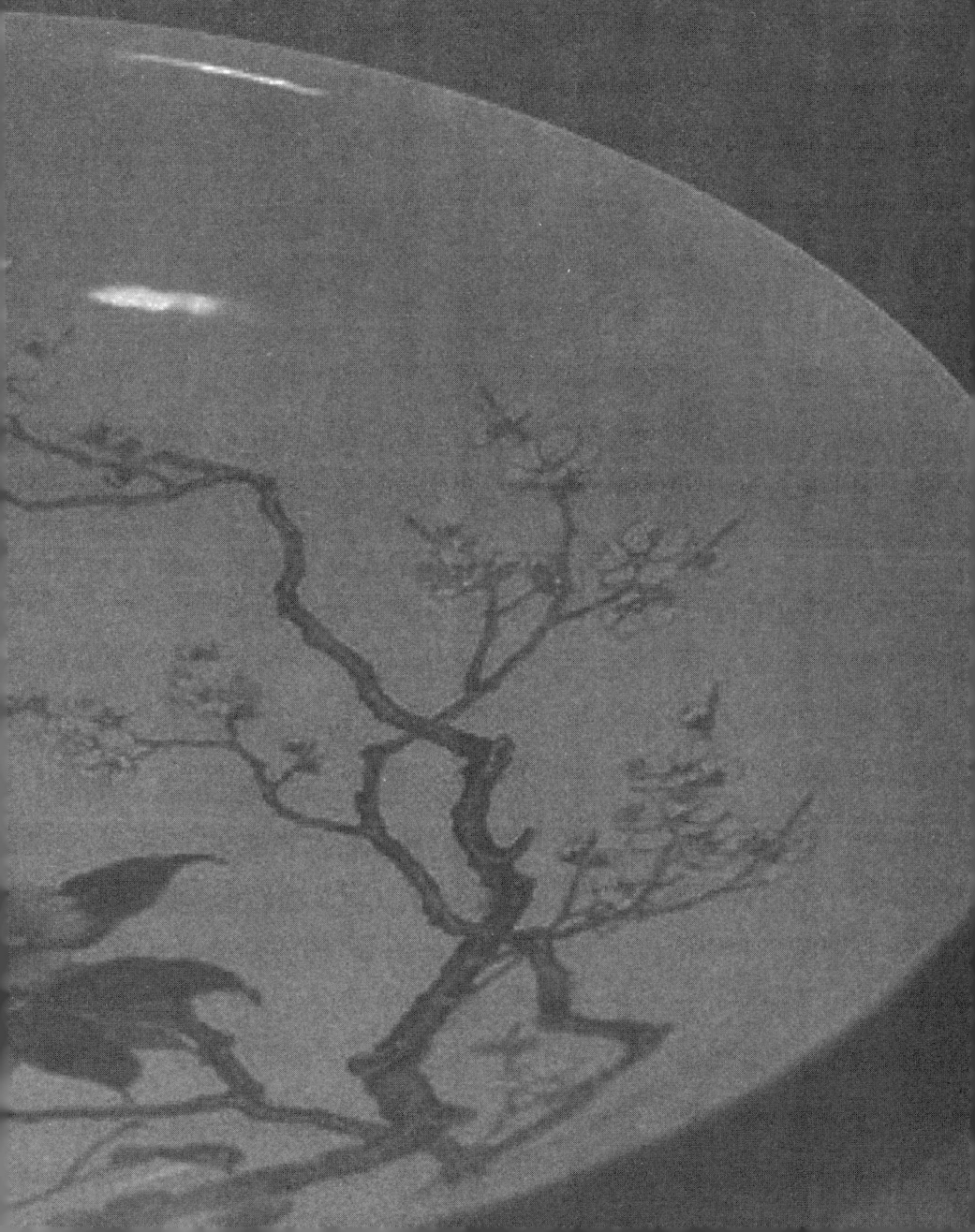

景德镇每逢年节小孩都要燃放爆竹

轿多由长者驮入,轿出门,女家即泼水扫地,关门,有"娘镇房、爷镇堂"之说。

2. 除夕

这是我国的传统节日,农历的最后一天。这一天各家布置堂屋,张灯结彩,贴春联、门神。晚饭前要先陈设祭品祭祀天地祖先,然后全家聚在一起吃团圆饭。饭后,小孩子提灯笼、燃放爆竹,大人则给小辈压岁钱,并围炉喝茶吃茶点。古时还有"守岁"的风俗,就是坐等天亮。现在,很多旧的习俗至今还保留着,不过"守岁"却是随人自愿,有的人依然喜欢看电视节目坐等天明。

3. 腊八

腊八为农历十二月初八日,旧俗过年有的从这一天算起。在这一天,人们宰杀鸡、鸭、猪,打年糕,打扫屋子,清洗家具等等,为过年做好充分的准备。有的人家还用红枣、红豆和大米煮粥,名曰"腊八粥"。

4. 冬至

解放前,宗祠、会馆都有隆重的祭祀活动,各宗祠按丁分发"冬至肉",发放男丁饼;有的还发放两枚"认骨饼",这是给本族已出嫁尚健在的女儿的习俗。解放后此习俗已不存在，但祭祖之习仍有少数地方保留。

5."留人茶"与"起手茶"

景德镇自古以瓷、茶闻名，在长期形成的瓷业习俗中，瓷与茶也有紧密联系。

景德镇制瓷业可以说是我国最早的资本主义萌芽，在古代就已经有了明确细致的分工，流水线式的作业。既然有分工的不同，工作量也就会有一定差别，因这种差别，也就给瓷工们带来了不同的境遇。有的工人工作得不到保障，雇工与雇主的矛盾于是也体现了出来。瓷厂老板于是想出一套决定工人去留的办法：每年年底（即农历十二月间），

腊八粥

老板就把想留下的工人请去喝茶。没被请去喝茶的工人，就意味着第二年被辞退失业，后来，人们就把这种茶叫做"留人茶"。

旧时，陶瓷行业开工生产叫"起手"，开工后不久，老板也要请工人喝一次"起手茶"，或吃"起手面"，以此来要求工人拼命干活。

"留人茶""起手茶"是用来约束瓷业工人的习俗，不知始于哪朝哪代，但它却在陶瓷行业中形成了约定俗成的行规。

6."放排"与"吃蒸菜"

这也是景德镇一大瓷业习俗。

圆器作坊产品质量一旦出现毛病，选

景德镇的瓷业与茶有着紧密的联系

千古瓷都景德镇

"留人茶"和"起手茶"是景德镇特有的用来约束 瓷业工人的习俗

瓷的人有权对工人提出，如多次未加改进，选瓷的要如实向窑户（即老板）或领头（即工头）反映。此时，窑户可请领头一起来分析研究，然后，领头回作坊向工人们提出改进措施，行业中称这种做法为"放排"。如多次提出仍未得以改进，窑户就会派人将不合格的产品送到作坊，请工人们自己提出改进措施，行业中把这种做法称为"吃蒸菜"。

但是，窑户不可故意刁难、找茬，否则工人有权停工不干。直到窑户放爆竹赔礼，工人才肯复工。

景德镇冷粉

（三）景德镇特色小吃

1. 冷粉

冷粉虽然很多地方都有，但是景德镇的冷粉具有当地的特色，是景德镇小吃的一绝。它所用的粉条长而且比较粗，直径大约有 0.5 厘米。它的口味由所配的拌料来决定，当然也可根据个人口味放入不同的拌料。

其做法是：先把备好的粉条放在沸腾的开水中浸泡 1—2 分钟，再捞出来倒进一只大碗中，然后放入适量辣椒油、咸菜、桔子皮、香葱、蒜、酱油等拌料搅拌，直到色香味俱全，即可食用。

2. 碱水粑

这是景德镇的传统小吃。它风味独特，口感好，有浓浓的碱香，有多种吃法，蒸、煮、炒都行。其中碱水粑炒鸡蛋是最经典的，要是再加上一点农家做的湿咸菜，那就更令人回味无穷了。

碱水粑好吃，但做碱水粑却是个细致活，而且十分辛苦。先要把稻秆烧成灰滤水取碱，准备足量的碱水置于一旁，然后把米淘洗干净后浸泡在事先备好的碱水里，几个小时后，还得经过磨浆、煮浆等几道

工序，最后才能用来做粑。而煮浆是最细致的一道工序，要专门有人掌握火候，否则就无法做成地道的碱水粑。有些人喜欢在做浆团里添加黄栀子，因为这样做出来的碱水粑颜色更加鲜亮。

3. 苦槠豆腐

这也是景德镇的经典小吃。它是用瑶里高山上的苦槠子为原料制作的，属无污染天然生态食品，在景德镇各大菜馆酒店都能吃到。它口感好，吃起来柔韧、细、滑、软、香各种味道俱全。据说，经常食用的话，还会有减肥、排毒、止泻、延缓衰老等功效。另外还有苦槠粉丝、苦槠粉皮。

碱水粑

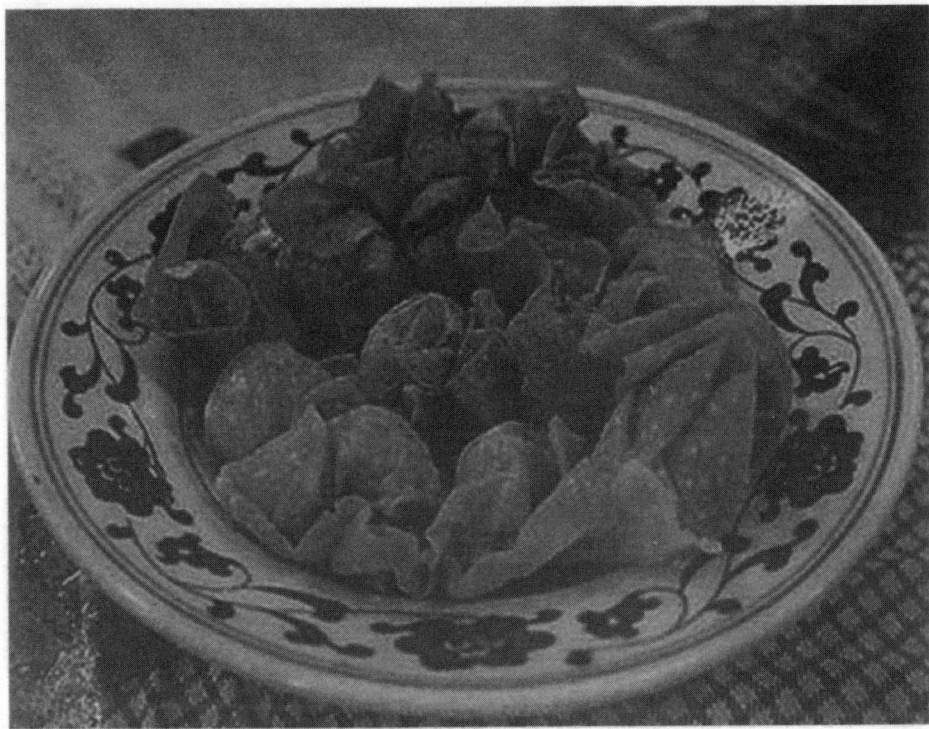

油炸馄饨

4. 油炸馄饨

俗名炸清汤。因做法简单，无多少当地特色，虽是景德镇人的创造发明，但不算一大名吃，只能称之为景德镇小吃。

5. 饺子粑

这是景德镇的一大特色，景德镇人一般都把它当早餐或夜宵吃。薄薄的皮包上各种各样的馅再放到蒸笼里面一蒸，里面的馅都可以隐隐约约地透过皮看到了。也有蒸完了以后再用油炸一下，风味又有不同。饺子粑有辣的和不辣的之分，辣的一般是用萝卜丝

饺子粑

做馅的，韭菜鸡蛋做馅的是不辣的。另外，还有豆干、豆芽等做馅，种类很多。

6. 油条包麻糍

油条包麻糍算是景德镇的一道风味小吃。先将糖与芝麻和好的糯米糍粑置于一旁，等新炸好的热油条刚出锅，就把糍粑夹进去。这样吃起来非常香甜、爽口。

7. 乐平狗肉

乐平狗肉是用蒸、煮相结合的方法烹制出的风味食品，常用来做冷盘食用。这种狗肉是用文火不加盐煮熟的，所以具有肉味鲜嫩、软硬适宜、鲜美爽口、营养丰

景德镇茶杯

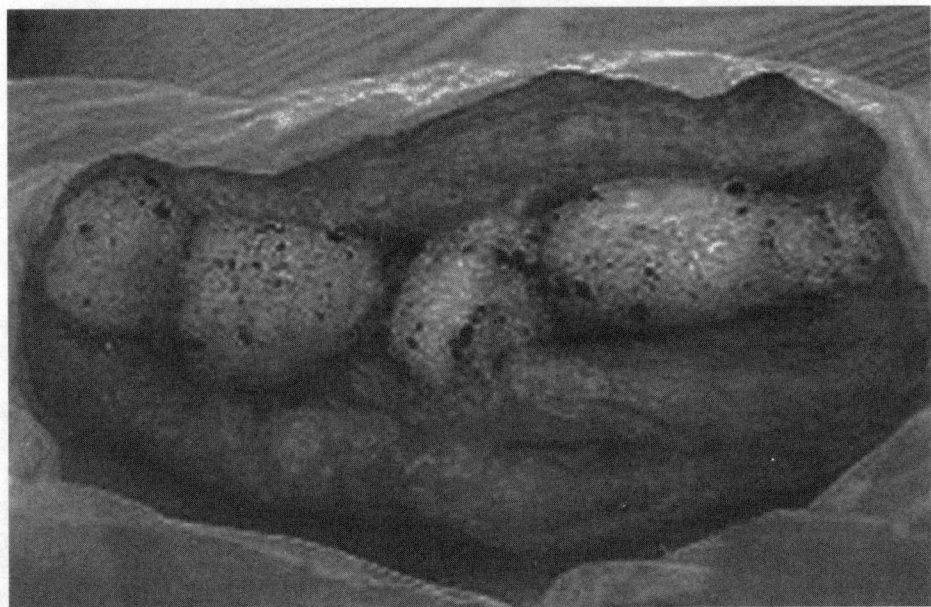

油条包麻糍

富等特点。食用时调味作料讲究，独具一格。

8. 景德板鸡

"景德板鸡"是景德镇传统美食，它是精选江西优质地方鸡——景黄鸡为原料，根据动物氨基酸酵化酶化机理和采用天然香料精制而成，并经高温高压杀菌处理，不添加任何化学保鲜剂。产品低脂肪、高蛋白，肉质鲜嫩、口感细腻、营养丰富、风味独特。

乐平狗肉

千古瓷都景德镇

虎山鳊鱼

9. 虎山鳊鱼

虎山鳊鱼也是景德镇一道传统美食。因景德镇境内乐安河虎山段有一深潭，该段深水盛产鳊鱼，故当地人称之为"虎山鳊鱼"。这种鱼因产自深潭，无污染，鱼肉细嫩，味道鲜美，营养丰富。

10. 鹅湖大米

鹅湖镇大米，产自举世闻名的高岭峰下，是一种无污染生态食品。这里空气清新、雨量充沛、日照充足、温湿度适宜，属酸性结晶类风化麻砂泥土壤，含有大量的有机质和速效氯、磷及全钾。无任何污染的山溪水灌

江西景德镇风光

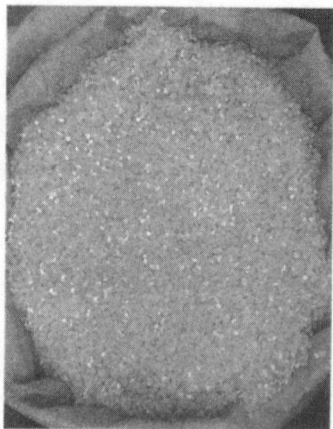

鹅湖大米

溉生产出来的大米，米粒完整、光滑透明、饭爽适口、清香细腻，并含有对人体有益的矿物质和微量元素。

千古瓷都景德镇

五　相关资料

清代雍正年间景德镇粉青釉刻缠枝莲纹莲
瓣碗

1. 景德镇大事记

东晋，置新平镇，为景德镇建镇之始，开始制作瓷器。

唐代，瓷业开始兴盛。

宋真宗 1004 年，景德镇名称确立。

元代，设浮梁瓷局，这是全国唯一一所为皇室服务的瓷局。制瓷工艺也从原有的瓷石一元配方，改为瓷石加高岭土的二元配方，从而使得景德镇成为全国治瓷中心。景德镇由此成为举世闻名的"瓷都"。

明代，设御窑厂。郑和下西洋促使景德镇陶瓷经济达到空前的繁荣。

清代，唐英督陶著书，对景德镇瓷业作了科学的总结和记载。

1906—1912年，创办"中国陶业学堂""江西省立陶业学校""江西省立乙种工业学校""瓷业美术研究社"等，用以培育陶瓷艺人及开展陶瓷技艺研究活动。

1915年，"浮梁红茶"获巴拿马万国博览会金质奖。

1926年11月，国民革命军进驻景德镇，委派舒兆雄任浮梁县第一任县长，结束了北洋军阀在浮梁的统治。

1934年初，杜重远在《景德镇瓷业调查记》中提出振兴景德镇瓷业的主张。

1949年，中国人民解放军进入景德镇并接管其政权，中华人民共和国景德镇市人民政府成立。

1953年6月中华人民共和国政务院批准景德镇市为江西省直辖市。

1958年，创建景德镇陶瓷学院。至今为止，这是我国唯一的一所陶瓷高等学府。

1982年，湖田古瓷窑遗址被中华人民共和国国务院列为第二批全国重点文物保护单位。

1990年，举办第一届"景德镇国际陶瓷

景德镇陶瓷学院

节"。

2004 年，举办"景德镇千年庆典"及第一届"景德镇国际陶瓷博览会"。

2. 郑和下西洋与景德镇瓷器

明代，景德镇已成为全国的制瓷业中心，所生产的瓷器达到了相当高的水准。但主要还是针对国内市场。随着东西方贸易往来的日趋频繁，我国的远洋贸易也日益兴旺，景德镇瓷器的外销也日渐红火。

据有关史书记载，古代东南亚、阿拉伯、非洲及欧洲地区的人十分喜欢中国瓷器，特别是景德镇的瓷器。明永乐、宣德年间，郑和七下西洋，使远洋贸易得到迅速发展。

清代雍正年间景德镇粉彩梅树纹盘

千古瓷都景德镇

112

清代康熙年间景德镇五彩水浒人物图盘

郑和携带了大量瓷器（以景德镇瓷器居多），
远涉海外，互通有无。作为传播中华文明的
最好器物也随之遍及东南亚、东非和西方等
各国，从而促使中国陶瓷远销海外，提升了
中国陶瓷的知名度，也极大地推动了景德镇
陶瓷业的国际贸易。

　　郑和下西洋对发展中国的陶瓷生产，特
别是发展景德镇的青花瓷来讲，具有很大的
促进作用。由于郑和七次下西洋，景德镇青
花瓷、浙江青瓷、福建白瓷等得以名海扬外，
并由东非传及欧洲，而景德镇青花瓷最受欢
迎。不少民间商人看准这一形势，先后派人
到景德镇贩运瓷器绸缎等商品出海销售，以
满足海外需求。据史料记载，当时的巨商郑

景德镇瓷盘

龙芝兄弟，拥有商船上百艘，海员千余人，常派人到景德镇采购青花瓷、茶叶，然后派遣海船运到东南亚、阿拉伯、东非各地销售。

渐渐地，海上贸易日渐繁荣，中国的"瓷国"地位也因景德镇而得以巩固。海上丝绸之路，也就是古代景德镇陶瓷的国际贸易之路也由此形成。

3.高岭土的传说

高岭土（Kaolin）是陶瓷制品的坯体、釉料以及粘土质耐火材料制作的重要原材料。它因产于我国江西景德镇高岭村而得

景德镇珊瑚红地珐琅彩花鸟瓶

景德镇青花五彩莲龙纹镂空盖盒

夫妇二人只靠几亩薄田度日，日子虽贫苦，心地却很善良

名，目前已成为全世界制瓷原料的通用术语，关于高岭土民间有个美丽的传说。

相传很久以前，高岭村住着一户姓高的贫苦人家，夫妻两人靠租种地主的几分瘦田过日子。风里来雨里去，一年到头，辛辛苦苦收获的一点粮食，几乎全都被地主以地租的名义刮走了，日子过得十分艰苦。夫妻俩虽穷，但心地却很善良，无论谁家碰到困难，夫妻俩都会倾囊相助，因此深得乡亲们的尊敬。

一天早晨，雪花纷飞，寒风凛冽，高老汉刚把屋门打开，就见檐下躺着一个衣衫褴褛、几乎被冻僵的白发老头。于是，他忙唤来老伴，将老人抬到自家的床上，把家里仅有的一床破棉絮盖在老人身上，甚至还将自己身上穿的一件破棉袄也脱下，为老人挡寒。同时，高大娘也烧好了姜汤，两人细心地将姜汤喂进老人嘴里。过了好一阵，老人终于苏醒过来，嚷着"饿……饿"。高氏夫妇很为难，家中粒米无存，唯有野菜汤，怎能给刚苏醒的病人吃呢？几经思量，最后去了财主家借那高利息的大米。熬好了稀粥，又耐心地喂给老人。不一会儿，老人的精神好多了，他和蔼地对高氏

景德镇瓷器

夫妻说："你们俩果然是名不虚传的好人啊！"边说边从口袋里掏出一粒洁白晶莹的小石块，递给高老汉，道："你们将这粒小石块埋在村后的高岭山上。等过七七四十九天，再去挖开山土，那里面就会有挖不尽的白玉土了，这种土是制瓷的上等材料，你们将它运到景德镇去卖掉，这样，你们的日子就不用愁了。"说完，就不见人影了。

高氏夫妻半信半疑地来到高岭山，挖了个深坑将小石块种下去。四十九天过后，他们又来到高岭山，挥起锄头一挖，果然！只

见小石块变成了取之不尽的白玉土。夫妻俩兴奋不已，匆忙去通知穷乡亲们一同上山挖白玉土。把土运到景德镇，果然卖到好价钱。从此，这一带的穷乡亲们便都以挖、卖玉土为生，日子也渐渐富裕起来。

自从采用高岭土做原材料，景德镇所产的瓷器变得更为精美，更加吸引人。于是高岭土就这样出名了。

"智慧在民间"，这句话用在景德镇是再适合不过了。历史上，一代又一代的陶瓷艺人把艺术和文化融入陶瓷，凭借自身的聪明才智创造了景德镇千百年的辉煌，从而让

景德镇釉里红缠枝菊纹碗

景德镇珐琅彩紫地富贵瓶

景德镇颜色釉瓷器

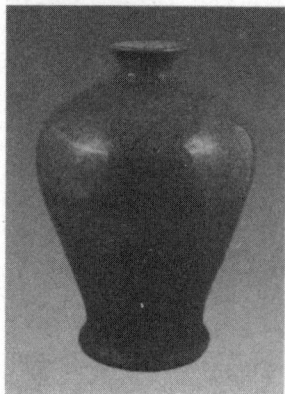

这座小城得以名扬天下。然而，今天的景德镇陶瓷已远不及当年，作为"瓷都"的影响力也渐渐失色。可见，在当今社会，竞争是激烈的，也是残酷的。若只是躺在古人创造的成果上不思进取，必然会被淘汰。

景德镇的昨天与今天值得我们思考与借鉴。

千古瓷都景德镇